Cupcakes

Les petits gâteaux du thé

Corinne Jausserand
Photographies de Caroline Faccioli

Albums
LAROUSSE

Sommaire

TEA TIME ÉLÉGANT

Mignons ou élégants, choisissez votre camp !

Les cupcakes sont des petits gâteaux coiffés de glaçages originaux et colorés. Ils sont originaires des États-Unis et de Grande-Bretagne (où ils sont appelés « fairy cakes », gâteaux de fée).

Autrefois, ils étaient cuits dans de petites tasses, « cup » en anglais, qui servaient aussi d'unité de mesure des ingrédients, d'où leur nom de "cupcake". La recette traditionnelle se compose de 1 tasse de beurre, 2 de sucre, 3 de farine, 4 œufs et un peu de levure chimique. Aujourd'hui les cupcakes cuisent dans des caissettes en papier ou des moules en silicone. La base peut être un quatre-quarts, une génoise ou un gâteau au yaourt. Dans ce livre, une pâte plus légère et moins compacte que celle de la recette traditionnelle a été privilégiée. Parfumez la pâte à l'aide d'extrait de vanille, de café, de citron, d'essence de bergamote, de verveine... Incorporez amandes, noisettes, fruits confits, abricots secs, pépites de chocolat... Et vous aurez autant de cupcakes que vous avez d'idées !

Pour le glaçage, tout est permis... Faites preuve de créativité ! Vous pouvez utiliser une crème au beurre, une crème à base de cream-cheese ou de fromage à tartiner (plus légère que la précédente), une ganache au chocolat, de la chantilly ou un simple glaçage au sucre...

Enfin, amusez-vous à décorer vos cupcakes. Anglais et Américains rivalisent d'imagination en ajoutant des petites décorations en sucre multicolores. En France, les rayons des supermarchés commencent à être bien approvisionnés en décorations en sucre (boules mimosa, perles argentées, confettis en sucre...). Mais à défaut, rien ne vous empêche d'utiliser des bonbons, des amandes, des pralines concassées, de la noix de coco râpée...

À quel moment de la journée déguster les cupcakes ? Cet adorable petit gâteau s'apprécie aussi bien au dessert qu'à l'heure du thé, mais il fait aussi beaucoup d'effet sur un buffet lors d'un mariage ou d'un anniversaire.

Comme vous l'avez compris, ces gourmandises se dévorent des yeux avant de fondre sous le palais... et malgré leur apparence sophistiquée, elles sont très faciles à réaliser. Alors à vos moules et à vous de jouer !

Préparer les cupcakes

Préchauffez le four à 180 °C (therm. 6). Dans un premier saladier, mélangez la farine, le sel et le bicarbonate. Réservez jusqu'à l'étape 6.

Préparez un second saladier et versez-y le sucre.

Coupez le beurre mou en morceaux et ajoutez ceux-ci au sucre, puis versez l'arôme de votre choix.

Fouettez à l'aide d'un batteur jusqu'à ce que le mélange blanchisse et devienne crémeux.

Continuez de fouetter tout en ajoutant les œufs un à un.

Incorporez ensuite petit à petit, en le tamisant, le mélange farine, sel et bicarbonate préparé à l'étape 1.

7

Continuez de fouetter la pâte pendant 2 ou 3 minutes pour obtenir un mélange homogène.

8

Remplissez aux 2/3 les moules à cupcakes de cette pâte. Enfournez et faites cuire de 15 à 20 minutes, selon la taille des cupcakes.

9

Sortez les cupcakes du four et laissez-les refroidir avant de les glacer.

10

Préparez le glaçage. Fouettez le sucre glace et le blanc d'œuf dans un saladier. Incorporez petit à petit le jus de citron tout en mélangeant. Fouettez jusqu'à ce que le mélange épaississe.

11

Le glaçage doit former un ruban lorsqu'il coule du fouet. Ajoutez du sucre glace, s'il est trop liquide, ou du jus de citron, s'il est pâteux. Versez quelques gouttes de colorant. Remuez à nouveau.

12

Quand les cupcakes sont froids, étalez le glaçage dessus à l'aide d'une petite cuillère. S'il a la bonne consistance, il doit napper les cupcakes. Laissez durcir à température ambiante.

Glaçages, ganache et Cie...

Glaçage au sucre

> 250 g de sucre glace
> 1 blanc d'œuf
> le jus de 1/2 citron
> colorant alimentaire

Fouettez le sucre glace et le blanc d'œuf dans un saladier. Incorporez progressivement le jus de citron tout en mélangeant. Continuez de fouetter jusqu'à ce que le mélange épaississe. Le glaçage doit former un ruban lorsqu'il coule du fouet. Ajoutez un peu de sucre glace, s'il est trop liquide, ou quelques gouttes de jus de citron, s'il est pâteux. Ajoutez, si vous le souhaitez, quelques gouttes de colorant alimentaire, puis remuez à nouveau.

Quand les cupcakes sont froids, étalez le glaçage dessus à l'aide d'une petite cuillère. S'il a la bonne consistance, il doit napper les cupcakes.

Glaçage au cream cheese

> 60 g de beurre très mou
> 200 g de cream cheese Philadelphia (ou fromage frais à tartiner)
> 130 g de sucre glace

Dans un saladier, mélangez à l'aide d'un fouet le beurre mou et le cream cheese jusqu'à avoir un mélange homogène. Le beurre doit impérativement être très mou, sinon vous aurez du mal à bien homogénéiser le tout. Incorporez petit à petit le sucre glace en le tamisant. Remuez à nouveau pendant au moins 5 minutes pour obtenir une consistance lisse mais ferme. Placez la préparation au frais pendant environ 30 minutes afin qu'elle devienne plus ferme.

Appliquez le glaçage au cream cheese à l'aide d'une poche à douille cannelée afin d'obtenir de jolies volutes ou tout simplement à l'aide d'une petite cuillère.

Meringue italienne

> 3 blancs d'œufs
> 7 cl d'eau
> 175 g de sucre semoule

Préparez la meringue. Montez les blancs d'œufs en neige pas trop ferme. Faites bouillir l'eau avec le sucre dans une casserole jusqu'à atteindre 130 °C, puis versez lentement sur les œufs en neige sans cesser de battre, à vitesse moyenne, encore 3 ou 4 minutes. Si vous n'avez pas de thermomètre, laissez tomber une goutte dans un bol d'eau froide. Si la boule de sirop qui se forme dans l'eau est un peu dure, la température souhaitée est atteinte. En aucun cas, le sirop ne doit se colorer, il doit rester translucide.

Appliquez la meringue sur les cupcakes avec une poche à douille lisse ou cannelée. Éventuellement, passez-la quelques secondes sous le gril du four.

Ganache

> 200 g de chocolat noir
> 2 cuill. à soupe de crème liquide
> 150 g de beurre mou
> 150 g de sucre glace

Coupez le chocolat en morceaux. Faites-le fondre au bain-marie ou au four à micro-ondes. Ajoutez la crème en remuant doucement. Laissez refroidir de 5 à 10 minutes. Fouettez avec un batteur le beurre mou et le sucre glace dans un bol, pour avoir un mélange crémeux. Ajoutez le chocolat petit à petit en fouettant doucement. Mettez la ganache au frais jusqu'à ce qu'elle ait la consistance d'une crème au beurre et qu'elle soit assez ferme pour être appliquée sans couler.

Appliquez la ganache à l'aide d'une poche à douille cannelée.

Le poids de chaque ingrédient est toujours égal à celui des œufs... Ce gâteau, plus dense que la recette basique, a la particularité de très bien se conserver... au moins 6 ou 7 jours au frais !

Cupcakes façon quatre-quarts

PRÉPARATION : 25 MIN

CUISSON : 20 À 25 MIN

POUR 16 CUPCAKES (OU 30 MINI)

> 250 g environ de beurre (même poids que les œufs)
> 4 œufs
> 250 g environ de sucre (même poids que les œufs)
> 250 g environ de farine (même poids que les œufs)
> 1 cuill. à café de levure en poudre
> 1 pincée de sel
> 2 cuill. à café d'extrait de vanille
> sucre glace

Préparez les cupcakes. Préchauffez le four à 180 °C (therm. 6). Faites fondre le beurre quelques secondes au four à micro-ondes ou dans une casserole. Dans un saladier, battez au fouet les œufs et le sucre pour obtenir un mélange mousseux. Ajoutez en les tamisant la farine, la levure et le sel. Mélangez bien pour obtenir une consistance homogène. Ajoutez le beurre fondu et l'extrait de vanille. Mélangez à nouveau pour avoir une pâte lisse. Remplissez aux 2/3 les moules de pâte à l'aide d'une petite cuillère. Enfournez et faites cuire de 20 à 25 minutes. Les cupcakes doivent être dorés et la lame d'un couteau plantée dedans doit ressortir sèche.

Saupoudrez les cupcakes de sucre glace.

Note : Couvrez ces cupcakes avec la préparation de votre choix... glaçage coloré, crème sucrée, ganache, tout est possible et se marie à merveille avec le quatre-quarts.

Conseil : Travaillez bien la pâte en la fouettant chaque fois que vous ajoutez un nouvel ingrédient. La préparation sera plus homogène et le gâteau plus léger.

Le lemon curd est une recette traditionnelle anglaise qu'il est bon de connaître. Lorsque vous aurez goûté à sa texture crémeuse et à son petit goût acidulé, vous ne saurez plus y résister ! Ces cupcakes au lemon curd vous rappelleront la saveur d'une tarte au citron !

Cupcakes au lemon curd

PRÉPARATION : 30 MIN

CUISSON : 15 À 20 MIN

POUR 16 CUPCAKES (OU 30 MINI)

Pour les cupcakes

> 200 g de farine
> 1/2 cuill. à café de sel
> 1 cuill. à café de bicarbonate de soude
> 200 g de sucre
> 200 g de beurre mou
> 2 cuill. à café d'extrait de citron
> 4 œufs
> le zeste râpé de 1 citron

Pour le lemon curd

> le jus de 3 citrons
> 1 cuill. à soupe de fécule de maïs
> 150 g de sucre semoule
> 3 œufs
> 1 cuill. à soupe de crème fraîche épaisse

Préparez les cupcakes. Préchauffez le four à 180 °C (therm. 6). Dans un saladier, mélangez la farine, le sel et le bicarbonate. Réservez. Versez le sucre dans un autre saladier. Coupez le beurre en morceaux et ajoutez ceux-ci au sucre. Versez l'extrait de citron. Fouettez avec un batteur jusqu'à ce que le mélange blanchisse et devienne crémeux. Ajoutez les œufs un à un sans cesser de fouetter. Incorporez petit à petit, en le tamisant, le mélange farine, sel et bicarbonate et le zeste. Fouettez la pâte encore 2 ou 3 minutes pour homogénéiser. Remplissez aux 2/3 les moules de pâte. Enfournez et faites cuire de 15 à 20 minutes, selon la taille des cupcakes. Laissez les cupcakes refroidir.

Préparez le lemon curd. Chauffez à feu doux le jus de citron, la fécule et le sucre dans une casserole pendant 1 ou 2 minutes. Hors du feu, incorporez les œufs battus. Fouettez pour homogénéiser et remettez à feu très doux, sans cesser de remuer, jusqu'à épaississement. Si le lemon curd attache, retirez-le du feu. Quand il est crémeux, stoppez la cuisson. Ajoutez la crème, remuez et laissez refroidir à température ambiante.

Nappez les cupcakes de lemon curd avec une cuillère. Parsemez de zestes ou de décorations en sucre.

Le cupcake à la vanille est le cupcake de base. Il est beaucoup plus léger que le quatre-quarts et son délicieux parfum de vanille se marie avec tous les glaçages ! À partir de cette base, ajoutez les ingrédients de votre choix (confiture de fraises, cannelle, framboises…).

Cupcakes à la vanille

PRÉPARATION : 20 MIN

CUISSON : 15 À 20 MIN

POUR 16 CUPCAKES (OU 30 MINI)

Pour les cupcakes

> 200 g de farine
> 1/2 cuill. à café de sel
> 1 cuill. à café de bicarbonate de soude
> 200 g de sucre
> 200 g de beurre mou
> 2 cuill. à café d'extrait de vanille
> 4 œufs

Pour le glaçage au sucre

> 250 g de sucre glace
> 1 blanc d'œuf
> le jus de 1/2 citron
> colorants alimentaires de couleurs variées

Préparez les cupcakes. Préchauffez le four à 180 °C (therm. 6). Dans un saladier, mélangez la farine, le sel et le bicarbonate. Réservez. Fouettez à l'aide d'un batteur le sucre avec le beurre en morceaux et l'extrait de vanille, jusqu'à ce que le mélange blanchisse et devienne crémeux. Ajoutez les œufs un à un sans cesser de fouetter. Incorporez petit à petit, en le tamisant, le mélange farine, sel et bicarbonate. Fouettez encore 2 ou 3 minutes pour obtenir une pâte homogène. Remplissez aux 2/3 les moules de pâte. Enfournez pour 15 à 20 minutes, selon la taille des cupcakes. Laissez les cupcakes refroidir.

Préparez le glaçage. Fouettez le sucre glace et le blanc d'œuf dans un saladier. Incorporez progressivement le jus de citron. Continuez de fouetter jusqu'à ce que le mélange épaississe. Le glaçage doit former un ruban lorsqu'il coule du fouet. Ajoutez du sucre, s'il est trop liquide et du jus de citron, s'il est pâteux. Divisez-le en autant de parts que vous avez de colorants différents. Ajoutez quelques gouttes de colorant dans chaque part. Remuez.

Étalez les glaçages avec une petite cuillère sur les cupcakes. Un glaçage ayant la bonne consistance doit napper le cupcake. Décorez selon vos goûts. Laissez durcir à température ambiante.

Cupcakes miel et verveine

PRÉPARATION : 20 MIN

CUISSON : 20 MIN

POUR 16 CUPCAKES (OU 30 MINI)

Pour les cupcakes

> 200 g de farine
> 1/2 cuill. à café de sel
> 1 cuill. à café de bicarbonate de soude
> 180 g de sucre
> 200 g de beurre mou
> 3 cuill. à soupe de miel
> 6 gouttes d'huile essentielle de verveine
> 4 œufs

Pour le glaçage au sucre

> 250 g de sucre glace
> 1 blanc d'œuf
> le jus de 1/2 citron
> feuilles de verveine pour décorer

Préparez les cupcakes. Préchauffez le four à 180 °C (therm. 6). Dans un saladier, mélangez la farine, le sel et le bicarbonate. Réservez. Fouettez au batteur le sucre, le beurre en morceaux, le miel et l'huile esseentielle de verveine jusqu'à ce que le mélange blanchisse et devienne crémeux. Ajoutez les œufs un à un sans cesser de fouetter. Incorporez petit à petit, en le tamisant, le mélange farine, sel et bicarbonate. Fouettez encore 2 ou 3 minutes pour obtenir une pâte homogène. Remplissez aux 2/3 les moules de pâte. Enfournez pour 15 à 20 minutes, selon la taille des cupcakes. Laissez les cupcakes refroidir.

Préparez le glaçage. Fouettez le sucre et le blanc d'œuf dans un saladier. Incorporez progressivement le jus de citron. Fouettez jusqu'à épaississement. Le glaçage doit former un ruban lorsqu'il coule du fouet. Ajoutez du sucre glace ou du jus de citron, s'il est trop liquide ou trop pâteux. Étalez le glaçage sur les cupcakes froids avec une petite cuillère. Posez une feuille de verveine sur le glaçage avant qu'il ne durcisse.

Cupcakes à la bergamote

PRÉPARATION : 20 MIN

CUISSON : 20 MIN

POUR 16 CUPCAKES (OU 30 MINI)

Pour les cupcakes

> 200 g de farine
> 1/2 cuill. à café de sel
> 1 cuill. à café de bicarbonate de soude
> 200 g de sucre
> 200 g de beurre mou
> 5 à 7 gouttes d'extrait de bergamote
> 4 œufs

Pour le glaçage au sucre

> 250 g de sucre glace
> 1 blanc d'œuf
> le jus de 1/2 citron
> colorant vert (facultatif)

Préparez les cupcakes. Préchauffez le four à 180 °C (therm. 6). Dans un saladier, mélangez la farine, le sel et le bicarbonate. Réservez. Fouettez au batteur le sucre, le beurre en morceaux et l'extrait de bergamote, jusqu'à ce que le mélange blanchisse et devienne crémeux. Ajoutez les œufs un à un sans cesser de fouetter. Incorporez petit à petit, en le tamisant, le mélange farine, sel et bicarbonate. Fouettez encore 2 ou 3 minutes pour obtenir une pâte homogène. Remplissez aux 2/3 les moules de pâte. Enfournez pour 15 à 20 minutes, selon la taille des cupcakes. Laissez les cupcakes refroidir.

Préparez le glaçage. Fouettez le sucre et le blanc d'œuf dans un saladier. Incorporez progressivement le jus de citron. Fouettez pour que le mélange épaississe. Le glaçage doit former un ruban quand il coule du fouet. Ajoutez du sucre glace ou du jus de citron, s'il est trop liquide ou trop pâteux. Versez quelques gouttes de colorant. Remuez. Étalez le glaçage sur les cupcakes avec une cuillère.

Pourquoi ne pas remplacer la traditionnelle galette des rois, par ces cupcakes ? Il suffit de glisser une fève dans l'un d'entre eux et vous obtiendrez un franc succès ! Ils sont aussi idéals pour un goûter, accompagnés d'un thé fruité.

Cupcakes aux fruits confits

PRÉPARATION : 20 MIN

CUISSON : 15 À 20 MIN

POUR 16 CUPCAKES (OU 30 MINI)

Pour les cupcakes

> 200 g de farine
> 1/2 cuill. à café de sel
> 1 cuill. à café de bicarbonate de soude
> 150 g de sucre
> 200 g de beurre mou
> 2 cuill. à café d'eau de fleur d'oranger
> 4 œufs
> 150 g de fruits confits

Pour le glaçage au sucre

> 250 g de sucre glace
> 1 blanc d'œuf
> le jus de 1/2 citron
> 2 cuill. à soupe de fruits confits

Préparez les cupcakes. Préchauffez le four à 180 °C (therm. 6). Dans un premier saladier, mélangez la farine, le sel et le bicarbonate. Réservez. Préparez un second saladier et versez-y le sucre. Coupez le beurre mou en morceaux et ajoutez ceux-ci au sucre. Versez l'eau de fleur d'oranger. Fouettez à l'aide d'un batteur jusqu'à ce que le mélange blanchisse et devienne crémeux. Continuez de fouetter tout en ajoutant les œufs un à un. Incorporez ensuite petit à petit, en le tamisant, le mélange farine, sel et bicarbonate réservé précédemment. Continuez de fouetter la pâte pendant 2 ou 3 minutes pour obtenir un mélange homogène. Incorporez ensuite les fruits confits coupés en petits dés et remuez à nouveau. Remplissez aux 2/3 les moules à cupcakes de cette pâte. Enfournez et faites cuire pendant 15 à 20 minutes, selon la taille des cupcakes. Sortez les cupcakes du four et laissez-les refroidir avant de les glacer.

Pendant que les cupcakes refroidissent, préparez le glaçage. Fouettez le sucre glace et le blanc d'œuf dans un saladier. Incorporez progressivement le jus de citron tout en mélangeant. Continuez de fouetter jusqu'à ce que le mélange épaississe. Le glaçage doit former un ruban lorsqu'il coule du fouet. Ajoutez un peu de sucre glace, s'il est trop liquide, ou quelques gouttes de jus de citron, s'il est pâteux.

Quand les cupcakes sont froids, étalez le glaçage dessus à l'aide d'une petite cuillère. S'il a la bonne consistance, il doit napper les cupcakes. Parsemez le dessus du glaçage de quelques dés de fruits confits. Laissez durcir à température ambiante.

Ce cupcake inspiré du traditionnel crumble aux pommes est étonnant. Les pommes fondent sous le palais et le crumble parfumé à la cannelle croque sous la dent !

Cupcakes facon crumble aux pommes

PRÉPARATION : 30 MIN

CUISSON : 15 À 20 MIN

POUR 16 CUPCAKES (OU 30 MINI)

Pour les cupcakes

> 200 g de farine
> 1/2 cuill. à café de sel
> 1 cuill. à café rase de bicarbonate de soude
> 200 g de sucre
> 200 g de beurre mou
> 2 cuill. à café d'extrait de vanille
> 4 œufs
> 2 ou 3 pommes selon la grosseur

Pour le crumble

> 70 g de sucre roux
> 100 g de farine
> 1/2 cuill. à café de cannelle
> 50 g de beurre

Préparez les cupcakes. Préchauffez le four à 180 °C (therm. 6). Dans un premier saladier, mélangez la farine, le sel et le bicarbonate. Réservez. Préparez un second saladier et versez-y le sucre. Coupez le beurre mou en morceaux et ajoutez ceux-ci au sucre. Versez l'extrait de vanille. Fouettez à l'aide d'un batteur jusqu'à ce que le mélange blanchisse et devienne crémeux. Continuez de fouetter tout en ajoutant les œufs un à un. Incorporez ensuite petit à petit, en le tamisant, le mélange farine, sel et bicarbonate. Continuez de fouetter la pâte pendant 2 ou 3 minutes pour obtenir un mélange homogène. Remplissez à moitié les moules à cupcakes de cette pâte. Pelez les pommes, évidez-les et coupez-les en petits cubes. Disposez quelques morceaux de pomme sur les cupcakes (la valeur de 2 cuillerées à café de pommes coupées). Enfoncez légèrement les morceaux de pomme dans la pâte.

Préparez le crumble. Dans un bol, versez le sucre, la farine, la cannelle et le beurre. Malaxez le tout du bout des doigts jusqu'à l'obtention d'une pâte granuleuse. Parsemez un peu de crumble sur les morceaux de pomme. Enfournez pour 15 à 20 minutes, selon la taille des cupcakes et dégustez ceux-ci tièdes.

Un délicieux cupcake tout chocolat !
Jouez avec les couleurs contrastées des glaçages et des décorations pour un résultat encore plus gourmand !

Cupcakes aux chocolats blanc et noir

PRÉPARATION : 40 MIN

CUISSON : 15 À 20 MIN

POUR 16 CUPCAKES (OU 30 MINI)

Pour les cupcakes

> 4 œufs
> 200 g de sucre
> 200 g de farine
> 1 cuill. à café de levure chimique
> 1 cuill. à café de bicarbonate de soude
> 170 g de beurre mou
> 150 g de chocolat blanc concassé

Pour les glaçages

> 12 cl de crème liquide
> 80 g de chocolat blanc en morceaux
> 80 g de chocolat noir en morceaux

Préparez les cupcakes. Préchauffez le four à 180 °C (therm. 6). Fouettez les œufs et le sucre pour que le mélange blanchisse. Ajoutez la farine, la levure et le bicarbonate tout en fouettant. Incorporez le beurre mou et mélangez jusqu'à avoir une pâte homogène. Ajoutez le chocolat blanc. Remplissez aux 2/3 les moules de pâte. Enfournez les cupcakes et faites-les cuire de 15 à 20 minutes, selon leur taille.

Préparez les glaçages. Chauffez la moitié de la crème dans une casserole. Retirez-la du feu juste avant l'ébullition. Laissez fondre le chocolat blanc dans la crème. Remuez tout doucement pour que le mélange soit lisse et brillant. Laissez refroidir environ 10 minutes. Procédez de même pour le glaçage au chocolat noir.

Étalez les glaçages avec une cuillère sur les cupcakes. Laissez refroidir à température ambiante.

Variante : Pour accentuer le contraste chocolat blanc, chocolat noir, vous pouvez réaliser des cupcakes au chocolat noir (voir p. 46) et les recouvrir de glaçage au chocolat blanc.

Ces cupcakes au goût subtil et délicat de violette raviront aussi bien vos papilles que vos pupilles ! Si vous avez quelques difficultés à trouver de l'arôme de violette, remplacez-le par du sirop de violette.

Cupcakes à la violette

PRÉPARATION : 20 MIN

CUISSON : 15 À 20 MIN

POUR 16 CUPCAKES (OU 30 MINI)

Pour les cupcakes

> 200 g de farine
> 1/2 cuill. à café de sel
> 1 cuill. à café de bicarbonate de soude
> 200 g de sucre
> 200 g de beurre mou
> 1 cuill. à café d'arôme de violette
> 4 œufs

Pour le glaçage au sucre

> 250 g de sucre glace
> 1 blanc d'œuf
> le jus de 1/2 citron
> 2 cuill. à café de sirop de violette (facultatif)
> colorant violet

Préparez les cupcakes. Préchauffez le four à 180 °C (therm. 6). Dans un premier saladier, mélangez la farine, le sel et le bicarbonate. Réservez. Préparez un second saladier et versez-y le sucre. Coupez le beurre mou en morceaux et ajoutez ceux-ci au sucre. Versez l'arôme de violette. Fouettez à l'aide d'un batteur jusqu'à ce que le mélange blanchisse et devienne crémeux. Continuez de fouetter tout en ajoutant les œufs un à un. Incorporez ensuite petit à petit, en le tamisant, le mélange farine, sel et bicarbonate réservé précédemment. Continuez de fouetter la pâte pendant 2 ou 3 minutes pour obtenir un mélange homogène. Remplissez aux 2/3 les moules à cupcakes de cette pâte. Enfournez et faites cuire pendant 15 à 20 minutes, selon la taille des cupcakes. Sortez les cupcakes du four et laissez-les refroidir avant de les glacer.

Pendant que les cupcakes refroidissent, préparez le glaçage. Fouettez le sucre glace et le blanc d'œuf dans un saladier. Incorporez progressivement le jus de citron tout en mélangeant. Continuez de fouetter jusqu'à ce que le mélange épaississe. Le glaçage doit former un ruban lorsqu'il coule du fouet. Ajoutez un peu de sucre glace, s'il est trop liquide, ou quelques gouttes de jus de citron, s'il est pâteux. Versez quelques gouttes de colorant violet et, si vous le souhaitez, le sirop de violette. Remuez à nouveau.

Quand les cupcakes sont froids, étalez le glaçage dessus à l'aide d'une petite cuillère. S'il a la bonne consistance, il doit napper les cupcakes. Laissez durcir le glaçage à température ambiante.

Note : Ces cupcakes se conservent 4 ou 5 jours dans une boîte hermétique.

N'hésitez pas à utiliser du bon chocolat à 70% de cacao. Cette recette est très appréciée des enfants et peut même constituer un gâteau d'anniversaire ! Autant de cupcakes que de bougies, voici une idée originale pour fêter un tel évènement !

Cupcakes banane et ganache au chocolat

PRÉPARATION : 20 MIN

CUISSON : 15 À 20 MIN

POUR 16 CUPCAKES (OU 30 MINI)

Pour les cupcakes

> 3 bananes
> 2 cuill. à soupe de crème fraîche épaisse
> 180 g de farine
> 1/2 cuill. à café de sel
> 1 cuill. à café de bicarbonate de soude
> 1/2 cuill. à café de cannelle
> 160 g de sucre
> 160 g de beurre mou
> 4 œufs

Pour la ganache

> 200 g de chocolat noir en morceaux
> 2 cuill. à soupe de crème liquide
> 150 g de beurre mou
> 150 g de sucre glace

Préparez les cupcakes. Préchauffez le four à 180 °C (therm. 6). Écrasez les bananes à la fourchette, puis ajoutez la crème et mélangez. Dans un premier saladier, mélangez la farine, le sel, le bicarbonate et la cannelle. Réservez. Dans un second saladier, fouettez à l'aide d'un batteur le sucre, le beurre en morceaux et la purée de bananes jusqu'à ce que le mélange blanchisse et devienne crémeux. Ajoutez les œufs un à un sans cesser de fouetter. Incorporez petit à petit, en le tamisant, le mélange farine, sel, bicarbonate et cannelle. Fouettez encore 2 ou 3 minutes pour avoir une pâte homogène. Remplissez aux 2/3 les moules de pâte. Enfournez pour 15 à 20 minutes, selon la taille des cupcakes. Laissez-les refroidir.

Préparez la ganache. Faites fondre le chocolat au bain-marie ou au four à micro-ondes. Ajoutez la crème en remuant doucement. Laissez refroidir de 5 à 10 minutes. Fouettez avec un batteur le beurre et le sucre glace, pour avoir un mélange crémeux. Ajoutez le chocolat petit à petit en fouettant doucement. Mettez la ganache au frais jusqu'à ce qu'elle ait la consistance d'une crème au beurre et qu'elle soit assez ferme pour être appliquée sans couler. Appliquez-la sur les cupcakes à l'aide d'une poche à douille cannelée.

C'est la cerise sur le gâteau ! Très facile à réaliser, ce cupcake est à la portée de tout le monde ! Si ce n'est pas la saison, utilisez des cerises au sirop.

Cupcakes à la cerise

PRÉPARATION : 15 MIN

CUISSON : 15 À 20 MIN

POUR 16 CUPCAKES (OU 30 MINI)

> 200 g de farine
> 1/2 cuill. à café de sel
> 1 cuill. à café rase de bicarbonate de soude
> 200 g de sucre
> 200 g de beurre mou
> 2 cuil. à café d'extrait de vanille
> 4 œufs
> 16 ou 30 cerises (1 par cupcake)
> 15 g de sucre glace (facultatif)

Préchauffez le four à 180 °C (therm. 6). Dans un premier saladier, mélangez la farine, le sel et le bicarbonate. Réservez. Mettez le sucre, le beurre coupé en morceaux, et l'extrait de vanille dans un second saladier. Fouettez à l'aide d'un batteur jusqu'à ce que le mélange blanchisse et devienne crémeux. Ajoutez les œufs un à un sans cesser de fouetter. Incorporez ensuite petit à petit, en le tamisant, le mélange farine, sel et bicarbonate. Fouettez la pâte encore 2 ou 3 minutes pour obtenir un mélange homogène. Remplissez aux 2/3 les moules de pâte.

Lavez les cerises. Essuyez-les délicatement et enfoncez 1 cerise à 1/2 cm de profondeur dans chaque moule en laissant la queue. Enfournez et faites cuire de 15 à 20 minutes, selon la taille des cupcakes.

Laissez les cupcakes tiédir. Ils se dégustent sans glaçage, en revanche, n'hésitez pas à les saupoudrer de sucre glace !

Si vous aimez le caramel au beurre salé, ce cupcake est pour vous ! Le mélange sucré-salé est une pure merveille… et quel plaisir de rencontrer quelques grains de sel croquants dans cette crème fondante et onctueuse !

Cupcakes au caramel au beurre salé

PRÉPARATION : 20 MIN

CUISSON : 15 À 20 MIN

POUR 16 CUPCAKES (OU 30 MINI)

Pour les cupcakes

> 200 g de farine

> 1/2 cuill. à café de sel

> 1 cuill. à café de bicarbonate de soude

> 200 g de sucre

> 200 g de beurre mou

> 2 cuill. à café d'extrait de vanille

> 4 œufs

Pour le caramel

> 200 g de beurre mou

> 300 g de sucre glace

> 1 cuill. à café d'extrait de vanille

> 200 g de confiture de lait

> 1 ou 2 cuill. à café de sel de Guérande

Préparez les cupcakes. Préchauffez le four à 180 °C (therm. 6). Dans un premier saladier, mélangez la farine, le sel et le bicarbonate. Réservez. Préparez un second saladier et versez-y le sucre. Coupez le beurre mou en morceaux et ajoutez ceux-ci au sucre. Versez l'extrait de vanille. Fouettez à l'aide d'un batteur jusqu'à ce que le mélange blanchisse et devienne crémeux. Continuez de fouetter tout en ajoutant les œufs un à un. Incorporez ensuite petit à petit, en le tamisant, le mélange farine, sel et bicarbonate réservé précédemment. Continuez de fouetter la pâte pendant 2 ou 3 minutes pour obtenir un mélange homogène. Remplissez aux 2/3 les moules à cupcakes de cette pâte. Enfournez et faites cuire pendant 15 à 20 minutes, selon la taille des cupcakes. Sortez les cupcakes du four et laissez-les refroidir avant de les glacer.

Préparez le caramel au beurre salé. Dans un saladier, fouettez à l'aide d'un batteur le beurre mou pour le rendre crémeux. Incorporez ensuite petit à petit le sucre glace. Mélangez pendant au moins 2 minutes. Ajoutez l'extrait de vanille, la confiture de lait et le sel tout en continuant de fouetter le mélange jusqu'à ce qu'il soit homogène. Réservez à température ambiante, pour éviter que le caramel ne durcisse.

Étalez le caramel au beurre salé sur les cupcakes refroidis à l'aide d'une cuillère.

Conseil : Si vous n'aimez pas le croquant des grains de sel, utilisez du beurre salé à la place du beurre doux et du sel de Guérande.

Cupcakes à l'orange

PRÉPARATION : 20 MIN

CUISSON : 15 À 20 MIN

POUR 16 CUPCAKES (OU 30 MINI)

Pour les cupcakes

> 200 g de farine
> 1/2 cuill. à café de sel
> 1 cuill. à café de bicarbonate de soude
> 200 g de sucre
> 200 g de beurre mou
> 2 cuill. à soupe d'eau de fleur d'oranger
> 4 œufs
> 100 g d'écorces d'orange confites

Pour le glaçage au sucre

> 250 g de sucre glace
> 1 blanc d'œuf
> 3 ou 4 cuill. à soupe de jus d'orange
> colorant orange (facultatif)

Préparez les cupcakes. Préchauffez le four à 180 °C (therm. 6). Dans un saladier, mélangez la farine, le sel et le bicarbonate. Réservez. Fouettez avec un batteur le sucre, le beurre en morceaux et l'eau de fleur d'oranger pour que le mélange blanchisse et devienne crémeux. Ajoutez les œufs un à un en fouettant. Incorporez petit à petit, en le tamisant, le mélange farine, sel et bicarbonate. Fouettez encore 2 ou 3 minutes pour avoir une pâte homogène. Ajoutez les écorces d'orange en petits morceaux en remuant délicatement. Remplissez aux 2/3 les moules de pâte. Enfournez pour 15 à 20 minutes. Laissez les cupcakes refroidir.

Préparez le glaçage. Fouettez le sucre et le blanc d'œuf. Incorporez progressivement le jus d'orange. Fouettez pour que le mélange épaississe. Le glaçage doit former un ruban lorsqu'il coule du fouet. Ajoutez du sucre glace, s'il est trop liquide, ou du jus d'orange, s'il est pâteux. Versez quelques gouttes de colorant et remuez. Étalez le glaçage sur les cupcakes froids.

Cupcakes à l'abricot

PRÉPARATION : 20 MIN

CUISSON : 15 À 20 MIN

POUR 16 CUPCAKES (OU 30 MINI)

Pour les cupcakes

> 200 g de farine
> 1/2 cuill. à café de sel
> 1 cuill. à café de bicarbonate de soude
> 200 g de sucre
> 200 g de beurre mou
> 2 cuill. à café d'extrait de vanille
> 4 œufs
> 100 g d'abricots secs

Pour le glaçage au cream cheese

> 60 g de beurre mou
> 200 g de cream cheese Philadelphia (ou fromage frais à tartiner)
> 100 g de sucre glace
> 3 cuill. à soupe de confiture d'abricots
> colorant orange (facultatif)

Préparez les cupcakes. Préchauffez le four à 180 °C (therm. 6). Dans un saladier, mélangez la farine, le sel et le bicarbonate. Réservez. Fouettez avec un batteur le sucre, le beurre en morceaux et l'extrait de vanille pour que le mélange blanchisse et devienne crémeux. Ajoutez les œufs un à un en fouettant. Incorporez petit à petit, en le tamisant, le mélange farine, sel et bicarbonate. Fouettez encore 2 ou 3 minutes pour avoir une pâte homogène. Ajoutez les abricots coupés en morceaux. Remuez à nouveau. Remplissez aux 2/3 les moules de pâte. Enfournez pour 15 à 20 minutes. Laissez les cupcakes refroidir.

Préparez le glaçage. Dans un saladier, fouettez le beurre très mou et le cream cheese pour avoir un mélange homogène. Incorporez petit à petit le sucre glace en le tamisant. Ajoutez la confiture d'abricots. Remuez encore au moins 5 minutes pour que la consistance soit lisse mais ferme. Ajoutez quelques gouttes de colorant orange en remuant bien. Mettez au frais environ 30 minutes. Appliquez sur les cupcakes avec une poche à douille cannelée ou une cuillère.

Arôme
300 mL

Le glaçage au citron vert se marie à merveille à la saveur de la noix de coco. Outre le jus des citrons verts, vous pouvez ajouter les zestes de cet agrume au glaçage, qui n'en sera que plus parfumé ! Il se conserve plusieurs jours au frais.

Cupcakes coco-citron

PRÉPARATION : 20 MIN

CUISSON : 15 À 20 MIN

POUR 16 CUPCAKES (OU 30 MINI)

Pour les cupcakes

> 200 g de farine
> 1/2 cuill. à café de sel
> 1 cuill. à café de bicarbonate de soude
> 200 g de sucre
> 200 g de beurre mou
> 4 œufs
> 125 g de noix de coco râpée
> 3 cl de lait de coco

Pour le cream cheese au citron vert

> 60 g de beurre très mou
> 200 g de cream cheese (ou fromage frais à tartiner)
> 130 g de sucre glace
> le jus de 2 citrons verts
> 50 g de noix de coco râpée

Préparez les cupcakes. Préchauffez le four à 180 °C (therm. 6). Dans un premier saladier, mélangez la farine, le sel et le bicarbonate. Réservez. Dans un second saladier, fouettez à l'aide d'un batteur le sucre et le beurre en morceaux jusqu'à ce que le mélange blanchisse et devienne crémeux. Ajoutez les œufs un à un sans cesser de fouetter. Incorporez petit à petit, en le tamisant, le mélange farine, sel et bicarbonate. Fouettez encore 2 ou 3 minutes pour obtenir une pâte homogène. Incorporez la noix de coco et le lait de coco. Remuez. Remplissez aux 2/3 les moules de pâte. Enfournez et faites cuire de 15 à 20 minutes, selon la taille des cupcakes. Laissez les cupcakes refroidir.

Préparez le cream cheese au citron vert. Dans un saladier, fouettez le beurre mou et le cream cheese jusqu'à obtention d'un mélange homogène. Le beurre doit impérativement être très mou, sinon vous aurez du mal à bien homogénéiser le tout. Incorporez petit à petit le sucre glace en le tamisant. Ajoutez le jus de citron. Remuez encore 5 minutes jusqu'à avoir une consistance lisse mais ferme. Mettez au frais environ 30 minutes.

Étalez le cream cheese sur les cupcakes à l'aide d'une poche à douille lisse ou d'une cuillère. Saupoudrez de noix de coco râpée.

Ces cupcakes parfumés à la rose sont très raffinés. Ils feront très bonne impression au dessert, ou pourquoi pas, lors d'un baptême ou d'un anniversaire...

Cupcakes à la rose

PRÉPARATION : 20 MIN

CUISSON : 15 À 20 MIN

POUR 16 CUPCAKES (OU 30 MINI)

Pour les cupcakes

> 200 g de farine
> 1/2 cuill. à café de sel
> 1 cuill. à café de bicarbonate de soude
> 200 g de sucre
> 200 g de beurre mou
> 2 cuill. à soupe d'eau de rose
> 4 œufs

Pour le glaçage au sucre

> 250 g de sucre glace
> 1 blanc d'œuf
> le jus de 1/2 citron
> colorant rose

Préparez les cupcakes. Préchauffez le four à 180 °C (therm. 6). Dans un premier saladier, mélangez la farine, le sel et le bicarbonate. Réservez. Dans un second saladier, fouettez à l'aide d'un batteur le sucre, le beurre en morceaux et l'eau de rose jusqu'à ce que le mélange blanchisse et devienne crémeux. Ajoutez les œufs un à un sans cesser de fouetter. Incorporez petit à petit, en le tamisant, le mélange farine, sel et bicarbonate. Fouettez encore 2 ou 3 minutes pour obtenir une pâte homogène. Remplissez aux 2/3 les moules de pâte. Enfournez pour 15 à 20 minutes, selon la taille des cupcakes. Laissez-les refroidir.

Préparez le glaçage. Fouettez le sucre glace et le blanc d'œuf dans un saladier. Incorporez progressivement le jus de citron. Continuez de fouetter jusqu'à ce que le mélange épaississe. Le glaçage doit former un ruban lorsqu'il coule du fouet. Ajoutez du sucre glace, s'il est trop liquide, ou du jus de citron, s'il est pâteux. Versez quelques gouttes de colorant rose. Remuez.

Étalez le glaçage sur les cupcakes froids à l'aide d'une petite cuillère : il doit napper les cupcakes et ne pas trop couler. Laissez durcir à température ambiante. Décorez, au gré de votre inspiration, de boutons de rose, de pétales cristallisés...

Il est difficile de ne pas succomber au croquant des noix de pécan, à la douceur de la carotte et au parfum envoûtant de la cannelle… Un cupcake qui fera sensation le dimanche sur la table d'un brunch !

Carrot cupcakes

PRÉPARATION : 25 MIN

CUISSON : 15 À 20 MIN

POUR 16 CUPCAKES (OU 30 MINI)

Pour les cupcakes

> 75 g de noix de pécan
> 250 g de carottes
> 4 œufs
> 150 g de sucre roux
> le zeste râpé et le jus de 1 citron non traité
> 110 g de farine
> 1/2 cuill. à café de sel
> 1 cuill. à café de levure chimique
> 1 cuill. à café de bicarbonate de soude
> 100 g de noisettes en poudre
> 2 cuill. à café de cannelle en poudre

Pour le glaçage au mascarpone

> 250 g de mascarpone
> 120 g de sucre glace

Préparez les cupcakes. Préchauffez le four à 180 °C (therm. 6). Hachez les noix de pécan et râpez finement les carottes. Séparez les blancs d'œufs des jaunes. Fouettez les jaunes et le sucre dans un saladier jusqu'à ce que le mélange blanchisse. Ajoutez tous les ingrédients, à l'exception des blancs d'œufs. Montez ceux-ci en neige et incorporez-les délicatement pour avoir une pâte homogène. Remplissez aux 2/3 les moules de pâte. Enfournez pour 15 à 20 minutes, selon la taille des cupcakes.

Préparez le glaçage au mascarpone. Fouettez avec un batteur le mascarpone et le sucre au moins 2 ou 3 minutes pour que la crème soit bien ferme. Mettez 30 minutes au frais.

Appliquez le glaçage sur les cupcakes refroidis.

Conseil : Les carrot cupcakes sont encore meilleurs préparés la veille.

N'oubliez pas de mettre la crème liquide, le fouet et le récipient au frais au moins 1 heure avant de monter votre chantilly : c'est le secret pour réussir une chantilly bien ferme. Si vous voulez la parfumer, ajoutez à la crème liquide 1 cuillerée à café d'extrait de vanille.

Cupcakes à la fraise

PRÉPARATION : 25 MIN

CUISSON : 15 À 20 MIN

POUR 16 CUPCAKES (OU 30 MINI)

Pour les cupcakes

> 200 g de farine
> 1/2 cuill. à café de sel
> 1 cuill. à café de bicarbonate de soude
> 200 g de sucre
> 200 g de beurre mou
> 2 cuill. à café d'extrait de vanille
> 4 œufs
> 200 g de confiture de fraises
> 200 g de fraises

Pour la crème Chantilly

> 50 cl de crème liquide très froide
> 30 g de sucre glace

Préparez les cupcakes. Préchauffez le four à 180 °C (therm. 6). Dans un premier saladier, mélangez la farine, le sel et le bicarbonate. Réservez. Dans un second saladier, fouettez à l'aide d'un batteur le sucre, le beurre en morceaux et l'extrait de vanille jusqu'à ce que le mélange blanchisse et devienne crémeux. Ajoutez les œufs un à un sans cesser de fouetter. Incorporez petit à petit, en le tamisant, le mélange farine, sel et bicarbonate. Fouettez encore 2 ou 3 minutes pour obtenir une pâte homogène. Remplissez au 1/3 les moules de pâte puis versez de 1/2 à 1 cuillerée à café de confiture de fraises au centre de chacun (selon la taille des moules). Recouvrez de pâte jusqu'aux 2/3 de la hauteur des moules. Enfournez et faites cuire de 15 à 20 minutes, selon la taille des cupcakes.

Préparez la chantilly. Versez la crème et le sucre dans un bol très creux et fouettez avec un batteur en un mouvement rotatif pour incorporer de l'air. Réservez la chantilly bien ferme au frais.

Recouvrez au dernier moment les cupcakes refroidis de chantilly avec une poche à douille cannelée ou un siphon. Décorez avec quelques morceaux de fraise.

Le matcha est un thé vert réduit en poudre très fine. Il est essentiellement produit au Japon. Il donnera à vos cupcakes un goût exceptionnel !

Cupcakes au thé matcha

PRÉPARATION : 20 MIN
CUISSON : 15 À 20 MIN

POUR 16 CUPCAKES (OU 30 MINI)

Pour les cupcakes

> 180 g de farine
> 1/2 cuill. à café de sel
> 1 cuill. à café rase de bicarbonate de soude
> 80 g d'amandes en poudre
> 200 g de sucre
> 180 g de beurre mou
> 2 cuill. à café d'extrait de vanille
> 4 œufs
> 2 cuill. à soupe de thé matcha

Pour le glaçage au cream cheese

> 60 g de beurre
> 200 g de cream cheese Philadelphia (ou fromage frais à tartiner)
> 130 g de sucre glace
> 2 cuill. à soupe de thé matcha pour la décoration

Préparez les cupcakes. Préchauffez le four à 180 °C (therm. 6). Dans un premier saladier, mélangez la farine, le sel, le bicarbonate et les amandes en poudre. Réservez. Dans un second saladier, fouettez à l'aide d'un batteur le sucre, le beurre en morceaux et l'extrait de vanille jusqu'à ce que le mélange blanchisse et devienne crémeux. Ajoutez les œufs un à un sans cesser de fouetter. Incorporez petit à petit, en le tamisant, le mélange farine, sel et bicarbonate. Fouettez encore 2 ou 3 minutes pour obtenir une pâte homogène. Ajoutez le thé matcha et mélangez avec une spatule. Remplissez aux 2/3 les moules de pâte. Enfournez pour 15 à 20 minutes, selon la taille des cupcakes.

Préparez le glaçage au cream cheese. Dans un saladier, fouettez le beurre et le cream cheese jusqu'à obtenir un mélange homogène. Le beurre doit être très mou, sinon il sera difficile d'homogénéiser le tout. Incorporez petit à petit le sucre glace en le tamisant. Remuez encore au moins 5 minutes pour avoir une consistance lisse mais ferme. Laissez raffermir 30 minutes au frais.

Appliquez le glaçage au cream cheese à l'aide d'une poche à douille cannelée pour former de jolies volutes ou à l'aide d'une petite cuillère. Pour finir, saupoudrez la crème de thé matcha.

Une petite note exotique pour ces cupcakes au glaçage très léger ! Si vous ne trouvez pas de sirop de litchi (en épicerie fine), achetez des litchis en conserve et utilisez le sirop pour parfumer les cupcakes.

Cupcakes au litchi

PRÉPARATION : 20 MIN

CUISSON : 15 À 20 MIN

POUR 16 CUPCAKES (OU 30 MINI)

Pour les cupcakes

> 200 g de farine
> 1/2 cuill. à café de sel
> 1 cuill. à café de bicarbonate de soude
> 200 g de sucre
> 200 g de beurre mou
> 2 cuill. à soupe de sirop de litchi
> 4 œufs

Pour le cream cheese au litchi

> 60 g de beurre très mou
> 200 g de cream cheese Philadelphia (ou fromage frais à tartiner)
> 130 g de sucre glace
> 2 cuill. à soupe de sirop de litchi
> colorant rose

Préparez les cupcakes. Préchauffez le four à 180 °C (therm. 6). Dans un premier saladier, mélangez la farine, le sel et le bicarbonate. Réservez. Préparez un second saladier et versez-y le sucre. Coupez le beurre mou en morceaux et ajoutez ceux-ci au sucre. Versez le sirop de litchi. Fouettez à l'aide d'un batteur jusqu'à ce que le mélange blanchisse et devienne crémeux. Continuez de fouetter tout en ajoutant les œufs un à un. Incorporez ensuite petit à petit, en le tamisant, le mélange farine, sel et bicarbonate réservé précédemment. Continuez de fouetter la pâte pendant 2 ou 3 minutes pour obtenir un mélange homogène. Remplissez aux 2/3 les moules à cupcakes de cette pâte. Enfournez et faites cuire pendant 15 à 20 minutes, selon la taille des cupcakes. Laissez les cupcakes refroidir.

Préparez le cream cheese au litchi. Dans un saladier, fouettez le beurre mou et le cream cheese jusqu'à obtention d'un mélange homogène. Le beurre doit impérativement être très mou, sinon vous aurez du mal à bien homogénéiser le tout. Ajoutez petit à petit le sucre glace en le tamisant. Versez le sirop de litchi. Remuez encore au moins 5 minutes pour que la consistance soit lisse mais ferme. Ajoutez quelques gouttes de colorant rose. Mélangez bien jusqu'à avoir une teinte uniforme. Laissez raffermir au frais environ 30 minutes.

Étalez le cream cheese sur les cupcakes refroidis à l'aide d'une poche à douille cannelée ou d'une cuillère à café. Réservez au frais jusqu'au moment de servir.

PARIS

Ce cupcake très chocolaté recouvert d'une ganache au chocolat est un pur délice ! Les inconditionnels du chocolat sauront l'apprécier !

Cupcakes très chocolat

PRÉPARATION : 30 MIN

CUISSON : 10 À 15 MIN

POUR 16 CUPCAKES (OU 30 MINI)

Pour les cupcakes

> 100 g de cacao en poudre non sucré
> 20 cl d'eau chaude
> 250 g de farine
> 1/2 cuill. à café de sel
> 1 cuill. à café de levure chimique
> 1 cuill. à café de bicarbonate de soude
> 200 g de beurre fondu
> 200 g de sucre semoule
> 4 œufs
> 15 cl de crème liquide

Pour la ganache au chocolat

> 15 cl de crème liquide
> 200 g de chocolat noir en morceaux

Préparez les cupcakes. Préchauffez le four à 180 °C (therm. 6). Mélangez dans un bol le cacao avec l'eau chaude. Dans un premier saladier, mélangez la farine, le sel, la levure et le bicarbonate. Dans un second saladier, fouettez le beurre fondu avec le sucre. Ajoutez les œufs un à un, en fouettant bien entre chaque. Incorporez le cacao, puis petit à petit le mélange farine, sel, levure et bicarbonate en alternant avec la crème liquide. Remuez jusqu'à obtention d'une pâte homogène. Remplissez-en les moules aux 2/3. Enfournez de 10 à 15 minutes, selon la taille des cupcakes.

Préparez la ganache au chocolat. Chauffez la crème dans une casserole. Retirez-la du feu juste avant l'ébullition. Laissez fondre le chocolat dans la crème. Remuez doucement pour que le mélange soit lisse et brillant. Laissez refroidir 10 minutes.

Étalez la ganache avec une cuillère sur les cupcakes. Laissez refroidir à température ambiante.

À Noël, offrez quelques cupcakes maison ! Vous pouvez même faire participer les enfants à la réalisation de ces petits gâteaux, qu'ils pourront ainsi s'amuser à décorer selon leur bon plaisir.

Cupcakes de Noël à la cannelle

PRÉPARATION : 20 MIN

CUISSON : 15 À 20 MIN

POUR 16 CUPCAKES (OU 30 MINI)

Pour les cupcakes

> 200 g de farine
> 1/2 cuill. à café de sel
> 1 cuill. à café de bicarbonate de soude
> 3 cuill. à café de cannelle en poudre
> 200 g de sucre
> 200 g de beurre mou
> 1 cuill. à café d'extrait de vanille
> 4 œufs

Pour le glaçage au sucre

> 250 g de sucre glace
> 1 blanc d'œuf
> le jus de 1/2 citron

Préparez les cupcakes. Préchauffez le four à 180 °C (therm. 6). Dans un premier saladier, mélangez la farine, le sel, le bicarbonate et la canelle. Réservez. Dans un second saladier, fouettez à l'aide d'un batteur le sucre, le beurre en morceaux et l'extrait de vanille jusqu'à ce que le mélange blanchisse et devienne crémeux. Ajoutez les œufs un à un sans cesser de fouetter. Incorporez petit à petit, en le tamisant, le mélange farine, sel, bicarbonate et cannelle. Fouettez encore 2 ou 3 minutes pour obtenir une pâte homogène. Remplissez aux 2/3 les moules de pâte. Enfournez pour 15 à 20 minutes, selon la taille des cupcakes.

Préparez le glaçage. Fouettez le sucre glace et le blanc d'œuf dans un saladier. Incorporez progressivement le jus de citron tout en mélangeant. Fouettez jusqu'à ce que le mélange épaississe. Le glaçage doit former un ruban lorsqu'il coule du fouet. Ajoutez du sucre glace, s'il est trop liquide, ou du jus de citron, s'il est pâteux.

Étalez le glaçage sur les cupcakes refroidis à l'aide d'une petite cuillère : il doit napper les cupcakes et ne pas trop couler. Décorez les cupcakes avec quelques petites billes colorées. Laissez durcir le glaçage à température ambiante.

À la place de la traditionnelle bûche aux marrons, surprenez avec ces cupcakes à la crème de marrons. Ils feront beaucoup d'effet sur votre table lors des fêtes de fin d'année !

Cupcakes à la crème de marrons

PRÉPARATION : 20 MIN

CUISSON : 15 À 20 MIN

POUR 16 CUPCAKES (OU 30 MINI)

Pour les cupcakes

> 200 g de farine
> 1/2 cuill. à café de sel
> 1 cuill. à café rase de bicarbonate de soude
> 200 g de sucre
> 200 g de beurre mou
> 2 cuill. à café d'extrait de vanille
> 4 œufs
> 10 marrons glacés environ

Pour le glaçage à la crème de marrons

> 200 g de beurre mou
> 200 g de sucre glace
> 300 g de crème de marrons
> 100 g de crème liquide bien froide

Préparez les cupcakes. Préchauffez le four à 180 °C (therm. 6). Dans un premier saladier, mélangez la farine, le sel et le bicarbonate. Réservez. Préparez un second saladier et versez-y le sucre. Coupez le beurre mou en morceaux et ajoutez ceux-ci au sucre. Versez l'extrait de vanille. Fouettez à l'aide d'un batteur jusqu'à ce que le mélange blanchisse et devienne crémeux. Continuez de fouetter tout en ajoutant les œufs un à un. Incorporez ensuite petit à petit, en le tamisant, le mélange farine, sel et bicarbonate réservé précédemment. Continuez de fouetter la pâte pendant 2 ou 3 minutes pour obtenir un mélange homogène. émiettez grossièrement les marrons glacés et incorporez-les délicatement à la pâte. Remplissez aux 2/3 les moules à cupcakes de cette pâte. Enfournez et faites cuire pendant 15 à 20 minutes, selon la taille des cupcakes. Sortez les cupcakes du four et laissez-les refroidir avant de les glacer.

Pendant ce temps, préparez le glaçage.Dans un saladier, mélangez le beurre et le sucre glace à l'aide d'un batteur pendant quelques secondes. Ajoutez la crème de marrons et mélangez à nouveau. Dans un second saladier, montez la crème liquide très froide en chantilly, puis incorporez-la délicatement à la première préparation. Placez cette crème au frais pendant au moins 1 heure afin qu'elle devienne plus ferme.

Quand les cupcakes sont froids, étalez le glaçage à la crème de marrons à l'aide d'une poche à douille cannelée. En attendant de les déguster, placez-les au frais. Ils se gardent ainsi 2 ou 3 jours.

À défaut de myrtilles fraîches, optez pour des myrtilles surgelées, mais ne les faites surtout pas décongeler avant de les ajouter à la pâte, car elles la décoloreraient !

Cupcakes aux myrtilles

PRÉPARATION : 25 MIN

CUISSON : 15 À 20 MIN

POUR 16 CUPCAKES (OU 30 MINI)

Pour les cupcakes

> 200 g de farine
> 1 cuill. à café de levure
> 1 cuill. à café de bicarbonate de soude
> 200 g de sucre
> 200 g de beurre mou
> 4 œufs
> 150 g de myrtilles (fraîches ou surgelées)

Pour le cream cheese à la myrtille

> 60 g de beurre très mou
> 200 g de cream cheese Philadelphia (ou fromage frais à tartiner)
> 130 g de sucre glace
> 8 cuill. à soupe d'eau
> 20 g de myrtilles
> 3 cuill. à soupe de sucre semoule

Préparez les cupcakes. Préchauffez le four à 180 °C (therm. 6). Mélangez la farine, la levure et le bicarbonate. Ajoutez le sucre et le beurre en morceaux. Battez avec un fouet ou un robot jusqu'à avoir une pâte homogène. Ajoutez un à un les œufs tout en fouettant. Incorporez délicatement les myrtilles (gardez-en pour la décoration). Remplissez aux 2/3 les moules de pâte. Enfournez et faites cuire de 15 à 20 minutes, selon la taille des cupcakes.

Préparez le cream cheese aux myrtilles. Fouettez le beurre et le cream cheese. Ajoutez le sucre glace en le tamisant. Remuez 5 minutes pour avoir un mélange lisse mais ferme. Faites bouillir l'eau avec les myrtilles et le sucre semoule 4 minutes. Écrasez les myrtilles refroidies. Filtrez le jus et incorporez-en petit à petit 4 cuillerée à café au cream cheese.

Étalez le cream cheese avec une spatule sur les cupcakes. Décorez avec les myrtilles réservées.

Conseil : Si vous n'avez pas de spatule, servez-vous d'un couteau ou d'une cuillère à café.

Ces cupcakes seront les compagnons idéals de vos cafés gourmands. Les amateurs d'expresso vont adorer !

Cupcakes noisette, crème au café

PRÉPARATION : 20 MIN

CUISSON : 15 À 20 MIN

POUR 16 CUPCAKES (OU 30 MINI)

Pour les cupcakes

> 200 g de farine
> 1/2 cuill. à café de sel
> 1 cuill. à café de bicarbonate de soude
> 150 g de noisettes en poudre ou concassées
> 200 g de sucre
> 180 g de beurre mou
> 2 cuill. à café d'extrait de vanille
> 4 œufs

Pour la crème au café

> 200 g de beurre mou
> 120 g de crème liquide
> 2 ou 3 cuill. à café d'extrait de café
> 400 g de sucre glace

Préparez les cupcakes. Préchauffez le four à 180 °C (therm. 6). Dans un premier saladier, mélangez la farine, le sel, le bicarbonate et les noisettes en poudre. Réservez. Dans un second saladier, fouettez avec un batteur le sucre, le beurre en morceaux et l'extrait de vanille jusqu'à ce que le mélange blanchisse et devienne crémeux. Ajoutez les œufs un à un sans cesser de fouetter. Incorporez petit à petit, en le tamisant, le mélange farine, sel, bicarbonate et noisettes. Fouettez encore 2 ou 3 minutes pour obtenir une pâte homogène. Remplissez aux 2/3 les moules de pâte. Enfournez pour 15 à 20 minutes, selon la taille des cupcakes. Laissez les cupcakes refroidir.

Préparez la crème au café. Mélangez avec un batteur le beurre mou, la crème liquide, l'extrait de café et la moitié du sucre glace pendant au moins 3 ou 4 minutes, jusqu'à ce que le mélange soit bien lisse et crémeux. Ajoutez petit à petit le reste du sucre glace en continuant de fouetter pendant 2 minutes.

Appliquez la crème au café sur les cupcakes refroidis avec une poche à douille cannelée. Laissez durcir au frais jusqu'au moment de servir. Décorez en déposant un grain de café sur la crème.

Ce cupcake est à dévorer des yeux avant d'être dévoré tout court ! Avec son glaçage rose bonbon, c'est un grand classique… À confectionner pour votre amoureux lors d'un dîner en tête à tête !

Cupcakes à la framboise

PRÉPARATION : 20 MIN

CUISSON : 15 À 20 MIN

POUR 16 CUPCAKES (OU 30 MINI)

Pour les cupcakes

> 200 g de farine
> 1/2 cuill. à café de sel
> 1 cuill. à café de bicarbonate de soude
> 200 g de sucre
> 200 g de beurre mou
> 2 cuill. à café d'extrait de vanille
> 4 œufs
> 250 g de framboises

Pour le glaçage au cream cheese

> 60 g de beurre très mou
> 200 g de cream cheese Philadelphia (ou fromage frais à tartiner)
> 130 g de sucre glace
> colorant alimentaire rose (facultatif)

Préparez les cupcakes. Préchauffez le four à 180 °C (therm. 6). Dans un premier saladier, mélangez la farine, le sel et le bicarbonate. Réservez. Préparez un second saladier et versez-y le sucre. Coupez le beurre mou en morceaux et ajoutez ceux-ci au sucre. Versez l'extrait de vanille. Fouettez à l'aide d'un batteur jusqu'à ce que le mélange blanchisse et devienne crémeux. Continuez de fouetter tout en ajoutant les œufs un à un. Incorporez ensuite petit à petit, en le tamisant, le mélange farine, sel et bicarbonate réservé précédemment. Continuez de fouetter la pâte pendant 2 ou 3 minutes pour obtenir un mélange homogène. Remplissez au 1/3 les moules à cupcakes de cette pâte puis disposez 1 framboise dans chacun. Recouvrez de pâte jusqu'aux 2/3 des moules. Enfournez et faites cuire de 15 à 20 minutes, selon la taille des cupcakes. Sortez les cupcakes du four et laissez-les refroidir avant de les glacer.

Préparez le glaçage au cream cheese. Dans un saladier, fouettez le beurre mou et le cream cheese pour avoir un mélange homogène. Incorporez petit à petit le sucre glace en le tamisant. Remuez encore au moins 5 minutes jusqu'à ce que la consistance soit lisse mais ferme. Ajoutez quelques gouttes de colorant rose, si vous le souhaitez. Mélangez jusqu'à ce que la teinte soit uniforme. Mettez au frais environ 30 minutes.

Appliquez le cream cheese avec une poche à douille cannelée ou une spatule. Ces cupcakes se conservent plusieurs jours au frais.

Conseil : Vous pouvez déposer une framboise sur le sommet de votre cupcake ou le parsemer de quelques décorations en sucre !

Cupcakes chocolat, menthe

PRÉPARATION : 30 MIN

CUISSON : 15 À 20 MIN

POUR 16 CUPCAKES (OU 30 MINI)

Pour les cupcakes

> 100 g de cacao en poudre non sucré
> 250 g de farine
> 1/2 cuill. à café de sel
> 1 cuill. à café de levure chimique
> 1 cuill. à café de bicarbonate de soude
> 200 g de beurre
> 200 g de sucre semoule
> 4 œufs
> 15 cl de crème liquide

Pour le glaçage au cream cheese

> 60 g de beurre mou
> 200 g de cream cheese Philadelphia
> 130 g de sucre glace
> quelques gouttes d'extrait de menthe

Préparez les cupcakes. Dans un bol, mélangez le cacao et 20 cl d'eau chaude. Dans un saladier, mélangez la farine, le sel, la levure et le bicarbonate. Dans un autre saldier, faites fondre le beurre, ajoutez le sucre, mélangez, puis ajoutez un à un les œufs en fouettant bien. Incorporez le cacao, puis la farine petit à petit en alternance avec la crème. Continuez à mélanger pour obtenir une pâte homogène. Remplissez aux 2/3 les moules de pâte. Enfournez les cupcakes pour 15 à 20 minutes, selon leur taille.

Préparez le glaçage au cream cheese. Dans un saladier, mélangez à l'aide d'un fouet le beurre et le cream cheese jusqu'à l'obtention d'un mélange homogène. Le beurre doit impérativement être très mou, sinon vous aurez du mal à bien homogénéiser le tout. Incorporez petit à petit le sucre glace en le tamisant. Ajoutez l'extrait de menthe. Remuez encore au moins 5 minutes pour avoir une consistance lisse mais ferme. Étalez le glaçage à l'aide d'une cuillère ou d'une spatule. Décorez avec quelques copeaux de chocolat ou des feuilles de menthe fraîche.

Cupcakes pistache, chocolat

PRÉPARATION : 20 MIN

CUISSON : 20 MIN

POUR 16 CUPCAKES (OU 30 MINI)

Pour les cupcakes

> 120 g de pistaches décortiquées
> 200 g de farine
> 1/2 cuill. à café de sel
> 1 cuill. à café de bicarbonate de soude
> 200 g de sucre
> 200 g de beurre mou
> 1 cuill. à café d'extrait de pistache
> 4 œufs

Pour la ganache au chocolat

> 200 g de chocolat noir en morceaux
> 2 cuill. à soupe de crème liquide
> 150 g de beurre mou
> 150 g de sucre glace

Préparez les cupcakes. Préchauffez le four à 180 °C (therm. 6). Mixez les pistaches. Dans un saladier, mélangez-les avec la farine, le sel et le bicarbonate. Réservez. Dans un autre saladier, battez le sucre, le beurre en morceaux et l'extrait de pistache jusqu'à ce que le mélange blanchisse et devienne crémeux. Ajoutez les œufs un à un sans cesser de fouetter. Incorporez petit à petit le mélange farine, sel, bicarbonate et pistaches. Fouettez encore 2 ou 3 minutes pour avoir une pâte homogène. Remplissez aux 2/3 les moules de pâte. Enfournez pour 15 à 20 minutes, selon la taille des cupcakes. Laissez-les refroidir.

Préparez la ganache. Faites fondre le chocolat au bain-marie. Ajoutez la crème en remuant doucement. Laissez refroidir de 5 à 10 minutes. Pendant ce temps, fouettez avec un batteur le beurre et le sucre jusqu'à avoir un mélange crémeux. Incorporez petit à petit le chocolat. Mettez au frais jusqu'à ce que la ganache ait la consistance ferme d'une crème au beurre. Appliquez à l'aide d'une poche à douille cannelée. Parsemez de pistaches concassées.

Le gingembre, légèrement épicé, donne du caractère à ce cupcake que la meringue sucrée vient adoucir. Un délice !

Cupcakes au pavot et au gingembre

PRÉPARATION : 20 MIN

CUISSON : 15 À 20 MIN

POUR 16 CUPCAKES (OU 30 MINI)

Pour les cupcakes

> 200 g de farine
> 1/2 cuill. à café de sel
> 1 cuill. à café de bicarbonate de soude
> 1 cuill. à café de gingembre en poudre
> 200 g de sucre
> 200 g de beurre mou
> 4 œufs
> 3 cuill. à soupe de graines de pavot
> 80 g de gingembre confit coupé en dés

Pour la meringue italienne

> 3 blancs d'œufs
> 175 g de sucre semoule

Préparez les cupcakes. Préchauffez le four à 180 °C (therm. 6). Dans un premier saladier, mélangez la farine, le sel, le bicarbonate et le gingembre en poudre. Réservez. Dans un second saladier, fouettez à l'aide d'un batteur le sucre et le beurre en morceaux jusqu'à ce que le mélange blanchisse et devienne crémeux. Ajoutez les œufs un à un sans cesser de fouetter. Incorporez petit à petit, en le tamisant, le mélange farine, sel, bicarbonate et gingembre. Fouettez encore 2 ou 3 minutes pour obtenir une pâte homogène. Incorporez les graines de pavot et le gingembre confit. Remuez délicatement. Remplissez aux 2/3 les moules de cette pâte. Enfournez pour 15 à 20 minutes, selon la taille des cupcakes. Laissez-les refroidir.

Préparez la meringue. Montez les blancs d'œufs en neige pas trop ferme avec un batteur. Réservez. Faites bouillir 7 cl d'eau avec le sucre dans une casserole jusqu'à atteindre 130 °C, puis versez lentement sur les œufs en neige sans cesser de battre, à vitesse moyenne, encore 3 ou 4 minutes.

Appliquez la meringue sur les cupcakes avec une poche à douille lisse ou cannelée. Passez-les, si vous le souhaitez, quelques secondes sous le gril du four.

Il est préférable de préparer ces cupcakes au moins 24 heures à l'avance. La crème à base de mascarpone n'en sera que meilleure ! À déguster accompagné d'un bon petit expresso !

Cupcakes tiramisu

PRÉPARATION : 30 MIN

CUISSON : 15 À 20 MIN

POUR 16 CUPCAKES (OU 30 MINI)

Pour les cupcakes

> 200 g de farine
> 1/2 cuill. à café de sel
> 1 cuill. à café de bicarbonate de soude
> 200 g de sucre
> 200 g de beurre mou
> 2 cuill. à café d'extrait de café ou de vanille, selon les goûts
> 4 œufs

Pour la crème au mascarpone

> 2 œufs
> 60 g de sucre glace
> 250 g de mascarpone
> 30 g de cacao en poudre

Préparez les cupcakes. Préchauffez le four à 180 °C (therm. 6). Dans un premier saladier, mélangez la farine, le sel et le bicarbonate. Réservez. Préparez un second saladier et versez-y le sucre. Coupez le beurre mou en morceaux et ajoutez ceux-ci au sucre. Versez l'extrait de café ou de vanille. Fouettez à l'aide d'un batteur jusqu'à ce que le mélange blanchisse et devienne crémeux. Continuez de fouetter tout en ajoutant les œufs un à un. Incorporez ensuite petit à petit, en le tamisant, le mélange farine, sel et bicarbonate réservé précédemment. Continuez de fouetter la pâte pendant 2 ou 3 minutes pour obtenir un mélange homogène. Remplissez aux 2/3 les moules à cupcakes de cette pâte. Enfournez et faites cuire pendant 15 à 20 minutes, selon la taille des cupcakes. Sortez les cupcakes du four et laissez-les refroidir avant de les glacer.

Préparez la crème au mascarpone. Séparez les blancs des jaunes d'œufs. Fouettez à l'aide d'un batteur les jaunes et le sucre glace jusqu'à ce que le mélange blanchisse. Ajoutez le mascarpone et mélangez bien. Montez les blancs en neige très ferme et incorporez-les délicatement au mélange. Placez cette préparation au frais pendant au moins 30 minutes.

Appliquez la crème au mascarpone sur les cupcakes à l'aide d'une poche à douille ou d'une cuillère. Au moment de servir, saupoudrez généreusement les cupcakes de cacao en poudre à l'aide d'une petite passoire.

TABLE DES ÉQUIVALENCES FRANCE-CANADA

POIDS

55 g	2 onces	200 g	7 onces	500 g	17 onces
100 g	3 onces	250 g	9 onces	750 g	26 onces
150 g	5 onces	300 g	10 onces	1 kg	35 onces

Ces équivalences permettent de calculer le poids à quelques grammes près (en réalité, 1 once = 28 g).

CAPACITÉS

25 cl	1 tasse	75 cl	3 tasses
50 cl	2 tasses	1 l	4 tasses

Pour faciliter la mesure des capacités, une tasse équivaut ici à 25 cl (en réalité, 1 tasse = 8 onces = 23 cl).

Direction éditoriale Véronique de Finance-Cordonnier
Édition Julie Tallet
Direction artistique Emmanuel Chaspoul
Mise en page Anna Bardon
Lecture-correction Joëlle Narjollet
Couverture Véronique Laporte
Fabrication Annie Botrel

Corinne Jausserand remercie vivement:
Jeanine Cros pour son magnifique linge ancien -11, rue d'Assas – 75016 PARIS ; Collection Regard pour ses remarquables céramiques – www.collection-regards.com ; The Conran shop - www.conranshop.fr ; Kitchen aid – www.kitchenaid.fr ;Philips- www.philips.com ; Mastrad- www.mastrad.fr ; Les peintures Ressource pour leurs belles teintes– www.ressource-peinture.com tel : 01 45 61 38 05.

Un grand merci à Clarisse Bishop, Sabine, Sandrine, Florence, Cathy et Annie qui m'ont prêté plein de jolis objets pour ces photos. Merci à Valérie et à Daniel qui ont goûté les cupcakes pendant les prises de vues. Merci à mon mari et à mes filles, Louise et Clarisse, pour leur soutien et leur patience. Merci à Caroline et à tous ceux qui m'ont aidé et encouragée pour la réalisation de cet ouvrage.

Les Éditions Larousse utilisent des papiers composés de fibres naturelles, renouvelables, recyclables et fabriquées à partir de bois issus de forêts qui adoptent un système d'aménagement durable. En outre, les Éditions Larousse attendent de leurs fournisseurs de papier qu'ils s'inscrivent dans une démarche de certification environnementale reconnue.

ISBN 978-2-03-585180-2

Photogravure Turquoise, Émerainville
Imprimé en Espagne par Graficás Estella, Estella
Dépôt légal : juin 2010
304378/01 – 11010571 avril 2010